어흥, 이히힝, 개굴개굴, 크르릉.
동물들 중에는 엄청난 소리를 내는 뛰어난 소리꾼들이 많아요!
자연은 조용한 것처럼 보이지만 사실은 그렇지 않답니다.
매우 시끄러울 때도 많아요.
시끄럽게 소리내는 것은 다 이유가 있기 때문이에요.
동물들도 그들의 소리로 무언가 말하고 싶어 해요.
소리를 내서 짝을 찾기도 하고
위험이 다가왔다고 알리기도 해요.
자신의 영역에 들어온 침입자를 내쫓기도 하지요.
동물들은 목소리나 몸을 이용해 소리를 내요.
여러분들이 소리를 지르거나 손뼉을 치는 것처럼요.
커다란 동물들만 큰 소리를 낸다고 생각하나요?
그렇다면 이 책을 보세요. 놀라운 사실들이 기다리고 있답니다.
그리고 귀를 기울여 봐요 — 여기 소리꾼들이 오고 있어요!

목차

아프리카사자	8
수탉	14
매미	20
당나귀	26
개구리	32
검은고함원숭이	38
유라시아청딱따구리	44
딱총새우	50
올빼미	56

아프리카사자

모두들 나를 두고 '동물의 왕'이라 불러요. 나는 힘 센 근육과 아름다운 갈기를 자랑하지요. 갈기는 둥그렇게 내 목덜미를 감싸고 있어요. 내가 입을 열고 포효하면 모두들 입을 꾹 다물고 조용해져요.

나는 누구일까요?

이름: 사자
종류: 포유류

시끄러운 소리꾼:
아프리카사자는 입을 크게 벌리고 사납게 포효해요.

다리:
4개의 강인한 근육질 다리

귀: 다른 방향으로도 **돌릴 수 있어요.**

크기:
수컷은 어깨 높이가 1.2미터, 몸길이는 2.1미터나 되어요. 꼬리도 1미터 정도 되지요. 암컷은 어깨 높이가 최대 1미터이고 길이는 1.5미터 정도 된답니다.

28센티미터까지 벌릴 수 있는 주둥이, 강력한 턱으로 먹잇감의 목을 단번에 부러뜨릴 수 있어요.

아주 **까슬까슬한 혀로** 털에 붙은 먼지를 핥아 없애고, 먹잇감의 뼈에 붙어 있는 살도 발라 먹을 수 있지요.

4개의 **송곳니로** 가죽과 살을 찢어버릴 수 있어요. 송곳니는 **최대 7센티미터까지** 자란답니다.

서식지:
아프리카의 따뜻한 지역으로 풀이 많고 나무가 여기저기에 많은 곳

수사자에게만 갈기가 있어요:
암사자에게는 없답니다.

먹이:
나는 육식동물이에요. 내가 주로 먹는 것은:

가젤   누   얼룩말

영양   물소

속도:
나는 시속 80킬로미터까지 뛸 수 있어요. 하지만 그다지 오래 버티지는 못해요.

0   80km/h   100

천적:
동물 가운데는 내 적수가 없어요.
나의 유일한 천적은 인간이에요.

인간

어린 사자들(새끼 사자)은 종종
이 녀석들의 공격을 받아요:

하이에나　자칼　표범

나는 **우두머리**에요. 그 어떤 사자도 나의 영역에서 **사냥**할 수 없어요. 우리는 **10마리에서 40마리**까지 무리를 이루어 살아요. 무리는 보통 암사자와 새끼 사자, 그리고 힘이 약한 수사자 몇 마리로 구성되어 있어요. **새끼 수사자**는 태어난 지 3년이 지나면 무리를 떠나야 해요. 수사자는 혼자 이리저리 돌아다니며 살거나 다른 수사자와 **새로운 무리**를 만들지요.

꼬리에는 술이 달려 있어요.
다른 털보다 색이 더 진하답니다.

내 발바닥은 고양이 발바닥처럼 **부드럽고 폭신폭신**해요.
하지만 적으로부터 공격을 받으면 **엄청나게 뾰족한 발톱**이
쑥 나오지요. 발톱은 길이가 5센티미터나 되어서
상대방의 살 속을 깊이 파고들 수 있어요.

암사자는 최고의 사냥꾼이에요. 누구보다도 빠르고 유연하기 때문이지요. 하지만 사자가 사냥하는 동물들도 빠르고, 사자보다 더 오래 뛸 수 있어요. 그래서 암사자들은 **서로 힘을 합쳐 사냥**을 하지요. 암사자들은 큰 풀 사이에 몸을 숨겨서 **반원** 모양으로 살금살금 무리 가까이 다가가요. 가까워지면, 무리 중 가장 **약한 동물**에게 잽싸게 달려들어 공격합니다.

나는 **우두머리라서 항상 가장 먼저 먹어요.**
그 다음에 다른 수사자, 암사자, 그리고
마지막으로는 새끼 사자 순서대로 먹지요.
하루 중 대부분은 풀밭이나 나무 그늘에서
게으름을 피운답니다.

내가 큰 소리로 '어흥!'하고 고함치면 8킬로미터 밖에서도 들을 수 있답니다! 나는 내 자존심 때문에 암사자나 다른 약한 수사자보다 더 큰 소리로 포효해요. 보통은 아침에 일어날 때, 그리고 저녁에 암사자들이 사냥을 가기 전에 포효하지요. 포효함으로써 근처에 있는 다른 사자들에게 이 구역의 대장이 누구인지 분명히 알리는 거예요. 그리고 암사자들에게는 내가 있는 곳의 위치를 알리고 암사자들이 사냥에 성공하여 먹잇감을 가져오면 내가 가장 먼저 먹는다는 것을 기억하게 하는 신호이기도 해요.

포효할 때는 목구멍 깊은 곳에서 나는 소리를 길게 끌면서 시작해요. 그런 다음에 짧고 빠른 포효를 연달아 하지요.

하지만 다른 소리도 많이 내요. 자존심 강한 암사자를 만나면, 고양이처럼 갸르릉 거리지만 소리는 훨씬 더 크지요. 그러다가 서로에게 푹 빠져요. 부드럽게 핥아주기도 하고요, 서로 몸을 비비기도 해요. 그리고 발로 서로를 쓰다듬기도 한답니다. 그럴 때에 물론 발톱은 쏙 들어가 있지요!

화가 나거나 어린 사자가 내 영역을 침범하며 위협해 오면, 나는 큰 소리로 으르렁대요.

수탉

나는 위풍당당한 걸음걸이로 마당을 가로질러 성큼성큼 걸어가요. 내가 닭장의 주인이니까요. 나는 잠에서 깨어나자마자 꼬끼오하고 울기 시작하지요.

나는 누구일까요?

이름: 수탉
종류: 조류

시끄러운 소리꾼:
수탉은 목을 길게 빼고 꼬끼오하고 큰 소리를 낸답니다!

다리:
비늘로 뒤덮인 2개의 다리

3개의 앞 발가락과 1개의 뒷발가락에는 날카로운 발톱이 달려 있어 땅을 긁거나 먹이를 찾을 때 이용해요.

발 뒤에는 튀어나온 부분이 있는데, **며느리발톱**이라고 불러요.

크기:
최대 70센티미터까지 자라요. 어떤 종은 더 작아서 20센티미터까지만 자라지만요.

꼬리에는 길고 구부러진 **장식 깃털이** 있어요.

먹이:
나는 뭐든 다 잘 먹어요. 심지어 생쥐도 잡아먹을 수 있어요.

서식지:
전 세계 어디에서나 살아요. 북극과 남극만 빼고요.

씨앗, 풀, 과일, 채소, 나뭇잎, 곤충, 지렁이

속도:
농장에 있는 나의 공간은 그다지 크지 않지만, 시속 15킬로미터까지 달릴 수 있답니다.

0   15km/h

100

천적:

 여우
 늑대
 들쥐
 맹금류
 작은 육식동물

머리 위에 커다란 **빨간 볏**이 있어요. 귀와 목에도 긴 **빨간 턱볏**이 달려 있지요.

나는 가축으로 **길들여진 종**이에요. 그래서 보통 **여러 마리 암탉들과 함께** 살지요. 병아리를 만들기 위해서는 내가 있어야 해요. **암탉은 수탉이 없어도** 알은 낳을 수 있지만 그렇게 낳은 알에서는 **병아리가 나오지 않아요.**

동물들은 집단 안에서 자신의 위치를 알고 있어요. 이를 **서열**이라고 부르지요. 나는 서열에 따라 가장 먼저 먹이를 먹고 가장 좋은 곳에서 잠을 자요. 우리는 모두 **안전한 곳에서 잠을 자요.** 땅에서 적어도 1미터 이상 위에 있는 막대기나 나뭇가지 위가 좋지요.

닭장에는 **우두머리가 오직 한 마리만** 있어요. 그게 바로 나예요. 때론 어린 수탉이 대장이 되고 싶어 나와 싸우기도 해요. 하지만 내가 가장 힘이 세서 싸움에서 이기지요. **암탉끼리 싸움이 일어나면**, 내가 나서서 **싸움을 중단시킨답니다.**

나는 멀리 날지는 못해요. 왜냐하면 날개가 내 몸무게에 비해 너무 작거든요. 날개는 자주 닦지만 물로 닦지는 않아요. 땅에 구멍을 파고 **흙 목욕**을 한답니다. 이렇게 하면 피부에 달라붙은 작은 벌레들을 흙으로 문질러 없앨 수 있어요.

나는 침입자에 맞서 내 영역을 지켜요. 내가 이 구역의 책임자라는 것을 보여주기 위해, 자주 시끄럽게 울어대지요. 내가 꼬끼오하고 울면 1.6킬로미터 밖에서도 들을 수 있어요. 가끔 해가 뜨기 전부터 울기도 하고, 낮에도 몇 번씩 반복해 울어요. 나처럼 건강하고 힘이 센 수탉은 자주 꼬끼오하고 울어요. 그러면 다른 수탉들이 이곳에 얼씬거릴 생각을 하지 않는답니다.

나는 여러 가지 다양한 소리도 낼 수 있어요. 무언가 맛있는 먹이를 찾으면 종소리 같은 소리를 낸답니다. 다른 닭들을 초대하여 같이 먹자는 소리에요. 하늘에 맹금류들이 빙빙 돌며 나는 모습이 보이면, 꼬꼬댁꼬꼬댁 울면서 위험을 알려요. 적이 땅에서 접근해 오면 또 다른 방식으로 울부짖지요.

어떤 적도 나를 막을 수 없어요. 적이 나타나면 나는 날개를 활짝 펴고 땅에 내려앉아요. 그래야 내가 더 크고 무섭게 보이거든요. 그런 다음 나는 침입자를 향해 위협적으로 다가가서 깍깍거리며 덤벼들어요. 심지어 사람들에게도 나는 감히 이렇게 할 수 있답니다.

모든 수탉들은 자신만의 특별한 울음소리가 있어요. 어린 수탉이 제대로 울기 위해서는 연습을 많이 해야 한답니다.

매미

여름이 오면 멋지고 따뜻한 날이 계속되어요. 이때 여러분은 나의 목소리를 생생히 들을 수 있지요. 나는 귀뚜라미가 아니에요. 귀뚜라미는 날개를 문질러 소리를 내지만 나는 달라요. 게다가 내 소리가 훨씬 크고 시끄러워요.

나는 누구일까요?

- 이름: 매미
- 종류: 곤충

시끄러운 소리꾼:
수컷은 암컷을 꾀기 위해 귀청이 터질 듯한 소리를 내요. 암컷은 소리를 내지 않는답니다.

크기:
2.5에서 5센티미터

다리:
각기 다른 마디로 연결되어 있는 6개의 다리

2쌍의 투명한 날개. 날개는 혈관(**정맥**)이 있는 막으로 만들어져 있어요. 혈관 안으로는 피가 흐르지요.

서식지:
전 세계 따뜻한 지역의 나무나 덤불 속

먹이:
나무뿌리와 나뭇가지의 수액

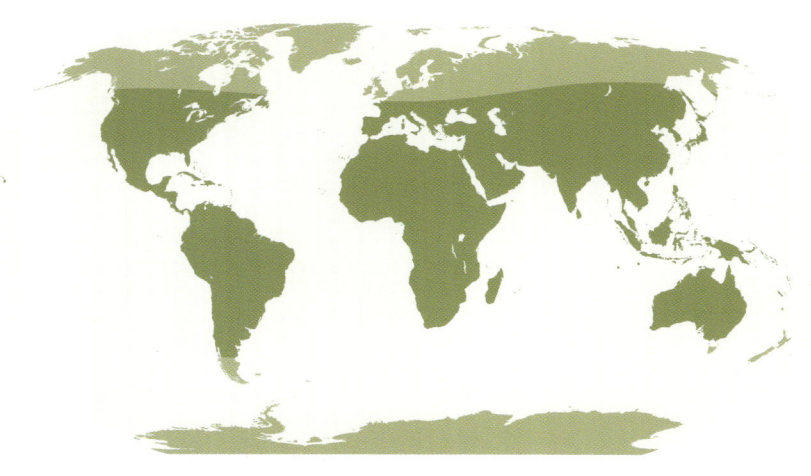

속도:
알 수 없음

0   ?km/h   100

천적:

새   뱀   도롱뇽   도마뱀   개구리   두꺼비

거미   육식 파리   말벌   메뚜기   박쥐   다람쥐

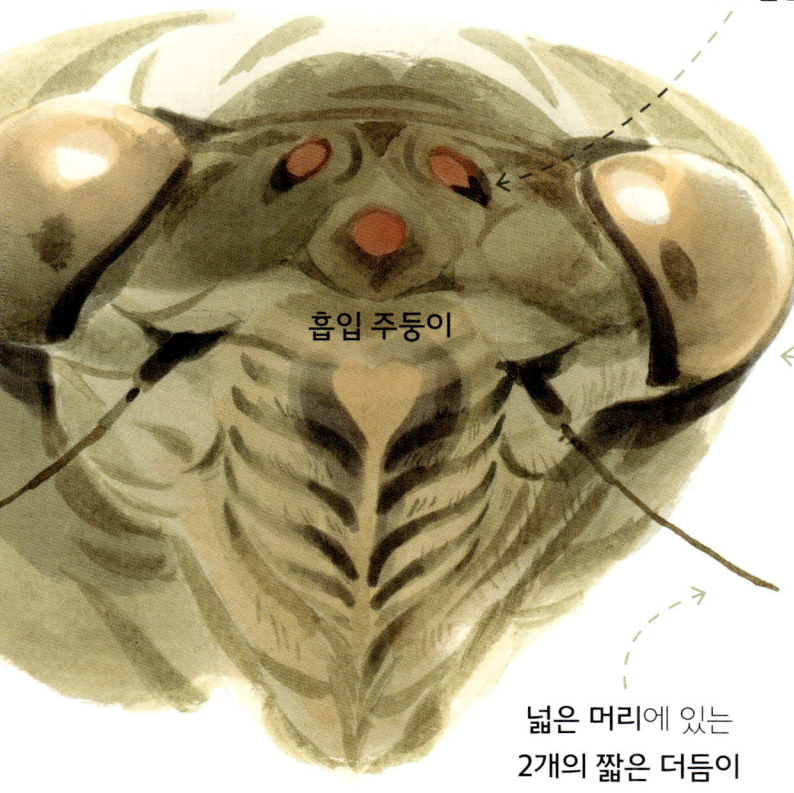

머리에 모여 있는 **3개의 홑눈**

흡입 주둥이

넓은 머리에 있는 **2개의 짧은 더듬이**

여러분은 나를 무서워할 필요가 없어요. 나는 **물거나 쏘지 않으니까요.** 나는 뛰는 것은 잘 못해요. 주로 날개를 펴서 주위를 돌아다니는데, 날 수 있는 거리는 아주 **짧아요. 날개가 너무 무겁거든요.**

양옆에는 **커다랗게 툭 튀어나온 겹눈이 2개** 달려 있어요. 겹눈에는 여러 개의 작은 눈이 모여 있어요.

낮에 너무 **더우면** 다른 동물들은 힘들어하지만 나는 오히려 기분이 **좋아진답니다.** 끊임없이 나무의 수액을 **마시기 때문이죠.** 수액은 내 몸속에 스며들어 몸을 식혀 준답니다. 그 덕분에 **나는 더위에도 지치지 않아요.**

북미에는 땅속에서 **17년이나 있다가** 기어 올라오는 매미도 있답니다. 상상이 가나요!

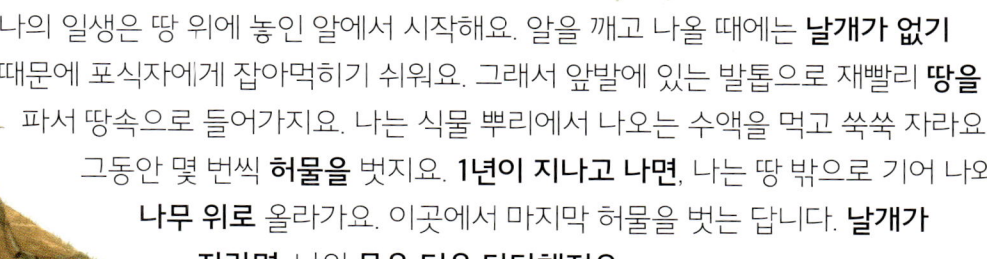

나의 일생은 땅 위에 놓인 알에서 시작해요. 알을 깨고 나올 때에는 **날개가 없기** 때문에 포식자에게 잡아먹히기 쉬워요. 그래서 앞발에 있는 발톱으로 재빨리 **땅을** 파서 땅속으로 들어가지요. 나는 식물 뿌리에서 나오는 수액을 먹고 쑥쑥 자라요. 그동안 몇 번씩 허물을 벗지요. **1년이 지나고 나면**, 나는 땅 밖으로 기어 나와 **나무 위로** 올라가요. 이곳에서 마지막 허물을 벗는 답니다. **날개가 자라면, 나의 몸은 더욱 단단해져요.**

나는 수컷 매미예요. 가슴 뒤에 있는 배 양쪽에는 소리를 내는 발음기가 있어요. 발음기 안에는 진동을 일으키는 진동판들이 있어, 나는 이것들을 밀고 당길 수 있어요. 그 진동으로 맴맴 소리가 나는 거예요. 맴맴 소리 뒤에 또 다른 소리가 곧바로 이어지기 때문에 마치 맴맴 소리가 오랫동안 지속되는 것처럼 들린답니다.

수컷 매미의 배 속은 대부분 텅 비어 있어요. 덕분에 진동을 일으켜서 내는 소리가 더 커진답니다. 마치 기타의 울림통과 비슷한 원리예요. 내가 내는 소리는 1.6킬로미터 밖에서도 들린답니다.

여러분이 나를 찾으러 오면, 나는 그만 시끄럽게 굴고
나뭇가지 속으로 기어들어가 숨어요. 나의 몸 색깔은
나무와 비슷하기 때문에 잘 안 보여요.

나는 암컷 매미를 부르기 위해 맴맴 소리를 내요. 그러면 다른 수컷들도
따라 불러서 큰 합창단이 되지요. 아프리카와 북미에 사는 어떤 매미들은
120데시벨이나 될 정도로 시끄러운 소리를 내요. 헬리콥터가 날아갈 때의
소리가 100데시벨 정도라고 하니 엄청난 소리라고 할 수 있지요.

당나귀

나는 말과 얼룩말이랑 친척이에요. 아마 가족처럼 비슷한 점이 있다고 눈치챘겠지요? 당나귀에도 종류가 많지만 우리만의 특성이 있고 좋아하는 것도 다 똑같답니다. 이히힝, 이히히힝!

나는 누구일까요?

- **이름:** 당나귀
- **종류:** 포유류

다리:
굽이 달린 4개의 튼튼한 다리

크기:
어깨높이까지 92센티미터에서 140센티미터

길고 보드라운 귀는 여러 방향으로 움직일 수 있어요. 양쪽 귀를 따로 움직일 수도 있지요.

시끄러운 소리꾼:
당나귀는 엄청나게 먼 곳에서도 들을 수 있을 정도로 특별한 울음소리를 내요.

주둥이만 하얗고 몸의 대부분은 **회색**이에요. 종종 갈색이나 검은색도 있어요.

서식지:
집에서 키우는 당나귀는 극지방을 제외하고 전 세계 어디에서나 살아요. 야생 당나귀는 북아프리카와 아시아 일부, 호주에서만 살지요.

먹이:
풀을 좋아해요. 식물과 키 작은 나무를 주로 먹지요.

속도:
나는 시속 45킬로미터로 짧게 달릴 수 있어요.

0   45km/h   100

천적:
가축으로 키우는 당나귀에게는 천적이 없어요. 야생 당나귀의 천적은:

곰

늑대

하이에나

짧고 **뻣뻣한 갈기와 거친 털**

어두운 줄무늬가 등과 어깨에 걸쳐 있기도 해요.

술이 달린 **꼬리**

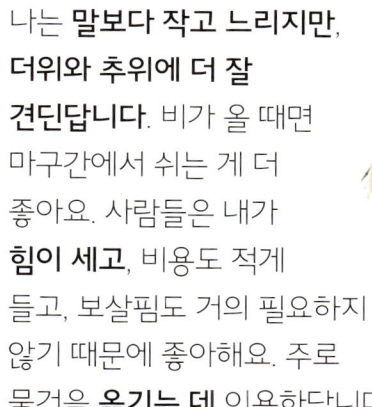

나는 **말보다 작고 느리지만, 더위와 추위에 더 잘 견딘답니다.** 비가 올 때면 마구간에서 쉬는 게 더 좋아요. 사람들은 내가 **힘이 세고**, 비용도 적게 들고, 보살핌도 거의 필요하지 않기 때문에 좋아해요. 주로 물건을 **옮기는** 데 이용한답니다.

당나귀는 **무리를 지어서** 다니는 동물이에요. 내가 사는 목장에는 다른 당나귀나 조랑말, 양들도 있어요. 여러분은 언제나 나를 **반려동물**처럼 예뻐해 줘도 돼요. 나도 그게 **좋으니까요**. 나는 **붙임성이 좋고** 새로운 것을 배우기 좋아하는 **똑똑한** 동물이랍니다.

나는 **다리로 단단히 딛고 서서 험한 돌길도 잘 걸어갈 수** 있어요. 그건 **내 발굽에도 좋아요.** 부드러운 풀밭에서만 있으면, 발굽이 충분히 닳지 않아 구부러지기 시작하거든요. 그러면 내 발걸음이 틀어져서 근육을 다칠 수 있어요. 그때는 말의 편자를 만드는 사람이 와서 고쳐야 해요.

무언가 **이상하다고** 느끼면, 나는 **얼어붙은 듯** 서서 꼼짝도 하지 않아요. 다른 동물들처럼 도망가지 않지요. 그래서 사람들은 나를 두고 **고집이 세고** 말을 안 듣는다고 말해요. 하지만 나는 내가 하는 일에 대해 곰곰이 생각하면서 **조심할** 뿐이라고요.

나는 **흙에서 뒹구는 것을** 아주 좋아해요. 겨우내 자랐던 털을 정리하거나 벌레를 쫓을 때, 아니면 그냥 재미로 하기도 해요. 내 목과 등을 토닥일 때 흙이 너무 많다고 겁내지 마세요!

내가 이히힝하고 우는 소리가 음악처럼 즐겁게 들리지는 않을 거예요. 처음에는 이 소리를 듣고 깜짝 놀랄지도 몰라요. 마치 내가 큰 어려움에 처한 것같이 들리기 때문이에요. 나는 소리를 내지 않고 있다가도 꽤 오랫동안, 때로는 한 번에 20초까지 울고, 연속해서 여러 번 울기도 해요. 내가 내는 소리는 무척 커서 여러분은 1.6킬로미터에서 3.2킬로미터 밖에서도 들을 수 있답니다.

나는 소리를 내어 다른 당나귀와 이야기를 나누어요. 소리는 다양한 방식으로 낼 수 있어요. 내가 강하다는 걸 뽐내고 싶을 때는 큰 소리를 내요. 하지만 다른 당나귀나 사람에게 인사할 때는 꽤 부드럽게 해요. 외로울 때에는 약간 구슬픈 소리를 내면서 다른 당나귀에게 같이 놀자고 조르기도 해요. 그리고 화가 날 때에는 경고의 목소리를 내기도 하지요. 이때에는 아주 위협적인 소리를 내요.

이히힝 소리 말고도 다른 소리도 많이 내요. 으르렁거리기, 콧방귀 뀌기, 꽤액 소리 지르기, 콧노래 부르기. 하지만 이히힝 소리를 낼 때가 제일 많지요.

내가 내는 소리를 흉내 내고 싶다고요? 그러면 '이히' 소리를 내면서 숨을 깊게 들이 마시고 '힝' 소리를 내면서 길게 내뱉어 보세요.

개구리

나는 물속이나 물 근처에서 살아요. 여러분은 듣기 싫어도 내 소리를 들을 수밖에 없을 거예요. 워낙 소리가 크니까요. 목소리는 크지만 의외로 부끄러움이 많답니다. 누군가 나를 공격한다는 느낌이 들면 재빨리 물속으로 첨벙 뛰어들지요.

나는 누구일까요?

| 이름: 개구리
| 종류: 양서류

시끄러운 소리꾼:
특히 봄이 되면 짝을 찾기 위해 우리들은 개골개골 떼지어 울어요.

크기:
5센티미터에서 12.7센티미터.
암컷이 수컷보다 큽니다.

뒷다리에는 **물갈퀴**가 있어요.
덕분에 발이 더 커 보이는 효과가 있고, 물속에서 앞으로 힘차게 나아갈 수 있답니다.

앞다리에는 발가락이 네 개 달려 있고, **뒷다리에는 발가락이 5개** 있어요.

다리:
2개의 짧은 앞다리와 기다란 2개의 근육질 뒷다리. 발가락 사이에는 물갈퀴가 있어요.

서식지:
운하와 연못, 호수, 강가

먹이:
벌레의 유충, 지렁이, 파리, 모기, 딱정벌레, 매미, 잠자리, 거미, 이따금 작은 생쥐도 먹어요.

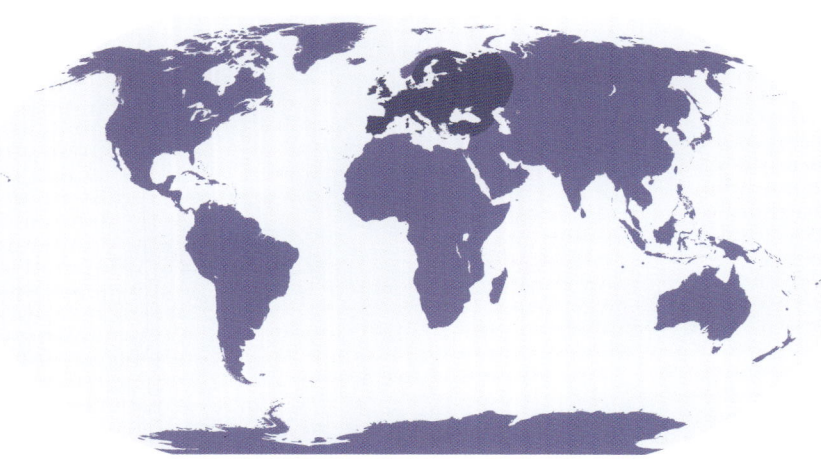

속도:
내 속도는 보통 시속 5킬로미터 정도 된답니다.

0   5km/h   100

천적:

왜가리　　황새　　맹금류　　오소리　　수달　　족제비　　육식 물고기　　뱀　　거북이

머리 양쪽에 **커다란 눈이** 달려 있어요. 덕분에 **사방을 모두** 볼 수 있지요.

몸은 매끈하고 **연한 초록색에 갈색 혹은 검은색 반점**이 있어요.

등에는 연한 **줄무늬**가 있지요.

수컷은 양 볼에 회색 **울음주머니** (풍선처럼 늘어나는 질긴 피부)가 있어요.

우리 개구리 가족은 **두 가지 다른 종류로** 이루어져 있어요. 하나는 웅덩이 개구리이고 또 다른 하나는 습지 개구리이지요.

물속에서 알을 깨고 나왔을 때, 나는 **올챙이**였어요. **긴 꼬리**가 달리고 해조류를 먹고 살았지요. 다리와 몸이 서서히 자라다가 어느 날 꼬리가 떨어져 나갔어요. 그 순간 나는 개구리가 되었답니다.

나는 내 몸을 **따뜻하게 만들어주지 못해요**. 체온을 조절하기 힘들어요. 그래서 **해가 잘 드는** 탁 트인 연못가에 산답니다. 강둑이나 물풀의 잎사귀 위에 올라가 따뜻한 햇살을 마음껏 즐겨요.

오랫동안 **꼼짝 않고 앉아서** 내가 좋아하는 파리나 거미, 아니면 다른 벌레들을 기다려요. 가만히 있으면 벌레들은 내가 있다는 사실을 잊어버려요. 녀석들은 내게 아주 가까이 다가오지요. 그러면 **길고 끈적끈적한 혀를** 잽싸게 내밀어서 꿀꺽 삼켜버리지요. 그 과정이 너무나 빨라서 여러분은 제대로 볼 수도 없을 거예요.

내 귀는 피부 아래에 있어요. 하지만 듣는 데에는 문제가 **없답니다**. 물속에서도 소리를 들을 수 있으니까요. 겨울은 내게 너무 추운 계절이에요. 그래서 **겨울잠**을 잔답니다. 땅속이나 연못의 바닥에 숨어서 잠을 자요.

나는 수컷이에요. 그래서 두 개의 울음주머니가 있답니다. 폐에서 나오는 공기를 울음주머니에 보내 한껏 부풀렸다가 공기를 뿜어내면서 개굴개굴 큰 소리를 내지요. 울음주머니를 크게 만들수록 소리도 커진답니다. 보통은 저녁이나 밤에 울어요. 특히 짝을 찾는 계절에 많이 울지요. 내가 여기 있다는 것을 알려서 짝꿍이 내게 오도록 하는 거예요. 짝짓기 계절은 4월 중순에 시작되어서 7월 초까지 계속되지요.

날이 따뜻해질수록 더 힘이 나서 더욱더 큰 소리로 자주 울어요. 근처에 있는 개구리가 울기 시작하면 나도 개굴개굴 대답을 해요. 그러면 다른 모든 개구리들도 똑같이 따라 해요. 수십 마리의 시끄러운 개구리 합창단이 되는 거예요. 우리는 합창을 하는 게 너무 좋지만 어떤 사람들은 시끄러운 소리 때문에 잠을 잘 수가 없대요.

여러분은 내가 그냥 '개굴개굴' 소리만 낸다고 생각하나요? 그렇다면 좀 더 자세히 들어보세요. 나는 여러 가지 소리를 낸답니다. 위험한 순간이 닥치면 경보장치를 울리듯 울어요. 그러면 근처에 있는 개구리들이 재빨리 물속에 뛰어들어 숨어요. 암컷을 찾을 때면 내가 힘이 세다는 것을 보여주기 위해 특별히 아주 큰 소리로 개굴개굴 울어요. 그리고 목의 뒷부분에서 나오는 짧은 소리는 여기가 내 영역이라는 사실을 알리는 울음소리이지요.

검은고함원숭이

나는 조용히 나무에서 먹이를 찾고, 방해받는 것을 좋아하지 않아요.
누군가 방해할 경우 큰소리로 울부짖어요. 나와 내 무리의 영역이
어디인지 모두에게 알려주는 것이지요. 그러면 다른 원숭이들이
내 근처에 얼씬도 하지 않아요.

나는 누구일까요?

- **이름:** 검은고함원숭이
- **종류:** 포유류

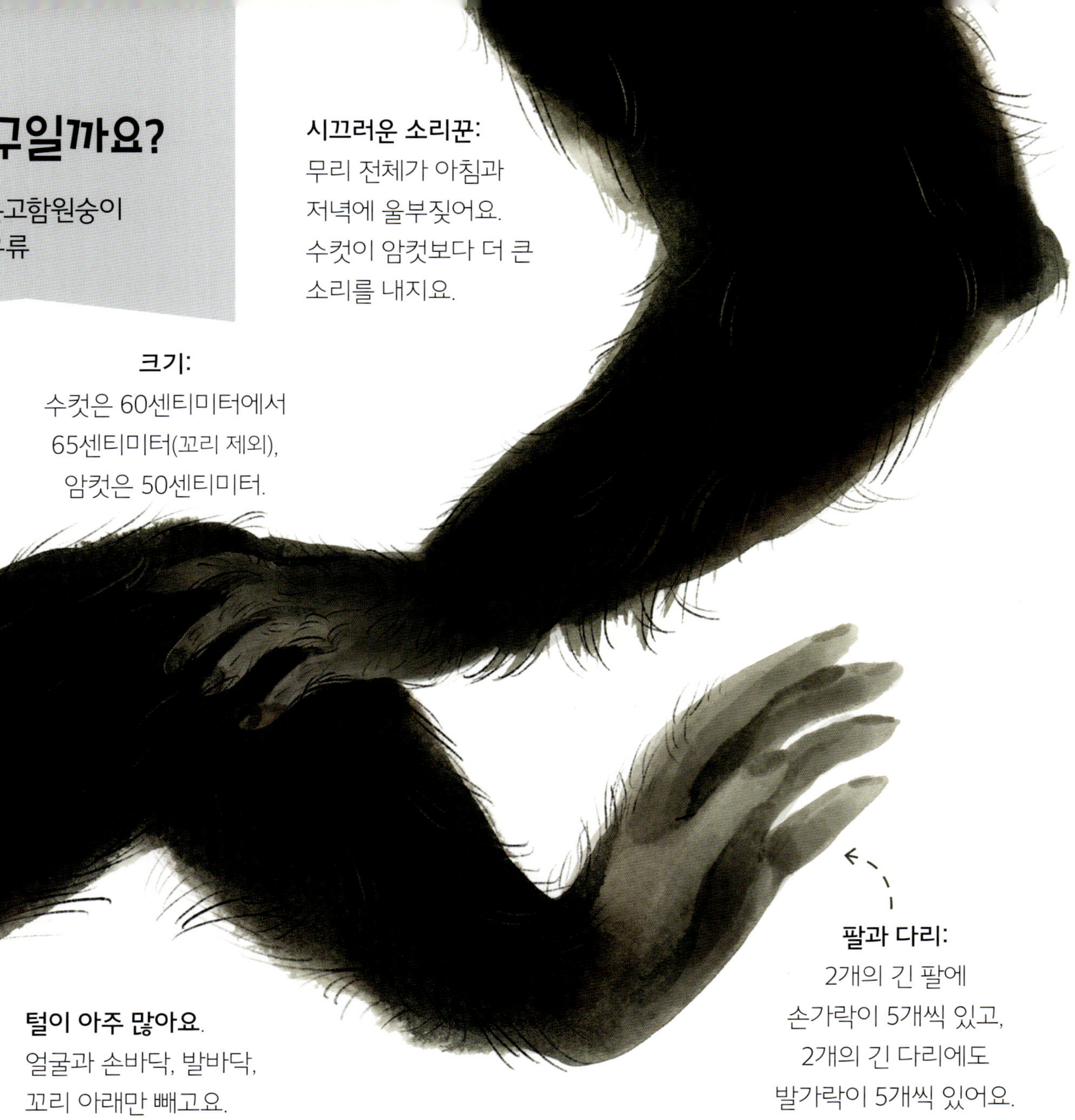

시끄러운 소리꾼:
무리 전체가 아침과 저녁에 울부짖어요. 수컷이 암컷보다 더 큰 소리를 내지요.

크기:
수컷은 60센티미터에서 65센티미터(꼬리 제외), 암컷은 50센티미터.

팔과 다리:
2개의 긴 팔에 손가락이 5개씩 있고, 2개의 긴 다리에도 발가락이 5개씩 있어요.

털이 아주 많아요.
얼굴과 손바닥, 발바닥, 꼬리 아래만 빼고요.

먹이:
잎사귀, 과일, 꽃

서식지:
볼리비아와 브라질, 파라과이, 아르헨티나의 열대우림

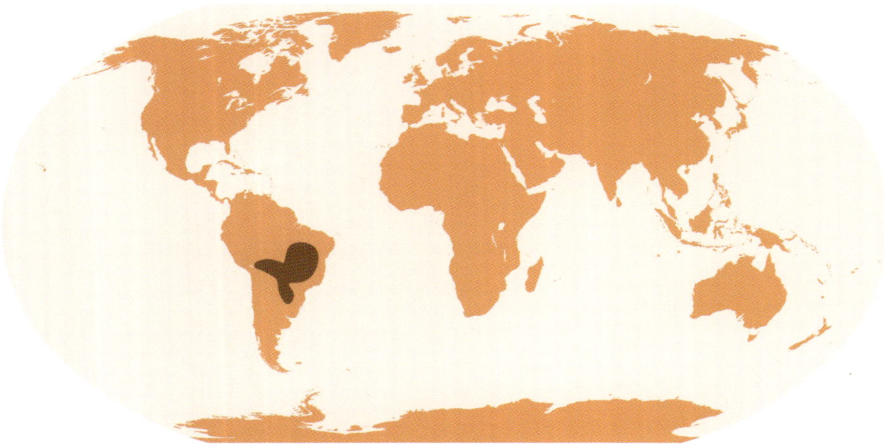

속도:
근처에 있는 먹이만 먹기 때문에 하루에 400미터 정도 움직일까요? 거의 움직이지 않는다고 봐야죠.

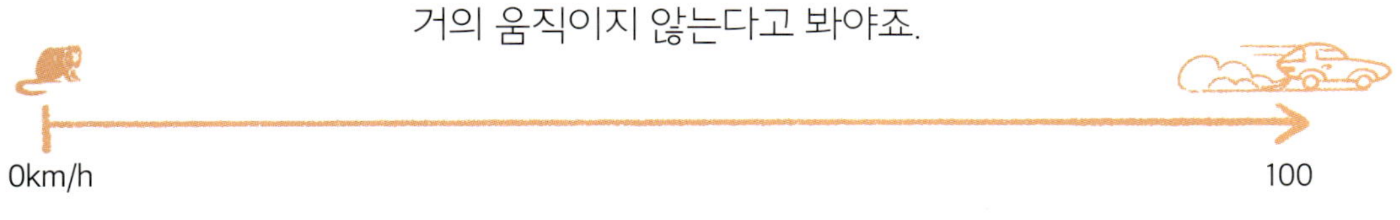

0km/h — 100

천적:

사람 맹금류

사람들은 열대우림의 나무들을 마구 잘라버려요. 그래서 우리가 살 보금자리가 사라지고 있어요.

몸 전체 길이만큼 **길고 유연한 꼬리**

우리 가족은 **다섯 마리에서 여덟 마리**로 구성되어 있어요. 하지만 20마리나 되는 무리도 있지요. 우리는 **우거진 열대 숲의** 윗부분에서 살아요. 우리가 나무 **아래로 내려오는 일은 거의 없어요. 모든 먹이는 나무 위에서** 구할 수 있기 때문이에요. 먹이에는 수분이 많기 때문에 물을 마실 필요가 없어요.

기다란 아래턱이 있는 아주 **개성 넘치는 얼굴**

모든 검은고함원숭이는 새끼 때 **털이 황갈색**이에요. 나는 수컷이라서 세 살이 되면 털이 검은색으로 변해요. 하지만 암컷은 색이 변하지 않아요.

나뭇가지 위를 다닐 때에는 네 발로 걸어요. **꼬리 아랫부분은 털이 없어서**, 물건을 쉽게 잡을 수 있답니다. 마치 세 번째 팔이나 다리와 같은 역할을 해요. 그래서 이따금 꼬리로 나뭇가지에 매달리기도 하지요.

하루 중 대부분은 **휴식**을 취해요. 중간 중간 먹이를 찾거나 서로의 몸을 깨끗이 다듬어 주기도 하지요. 그리고 다른 원숭이들과 놀기도 하고요. 우리는 **남아메리카 열대우림에서 가장 큰 원숭이**에요.

내 울음소리는 사자의 포효나 개 짖는 소리와 비슷해요. 나는 아래턱이 길고, 입 안쪽에 큰 설골(혀에 연결된 뼈)을 가지고 있어요. 공기주머니 같은 빈 공간이 있는 거예요. 그래서 먼 거리까지 들리는 큰 소리를 낼 수 있어요. 아무것도 없는 큰 방이나 긴 터널을 생각해보세요. 그 안에서 소리를 지르면 소리가 웅웅 울리겠지요. 내가 울부짖는 소리도 이러한 효과 덕분에 두 배나 더 크게 들린답니다!

우리의 울음소리는 140데시벨까지 올라갑니다. 이 소리는 50미터 떨어져 있는 곳에서 비행기가 이륙하는 소리와 맞먹는답니다. 사람의 귀는 120데시벨 정도 되는 소리에도 손상을 입을 수 있어요. 그러니 우리가 여는 콘서트에 너무 가까이 다가오지는 마세요. 여러분은 5킬로미터 밖에서도 우리가 울부짖는 합창 소리를 들을 수 있을 테니까요.

우리는 이른 아침과 저녁 무렵에 울어요. 다른 무리에게 우리가 어디에 있는지 알려서 가까이 오지 못하게 하려는 것이지요. 우리는 영역을 정해놓고 살지 않기 때문에 때로는 먹이를 찾아 다른 곳으로 이동하기도 해요. 그래서 다른 무리들과 우연히 마주치지 않도록 울부짖습니다. 먹이를 놓고 싸움을 하고 싶지는 않거든요. 우리가 먹는 먹이에는 하루를 버틸만큼 영양소가 풍부해요. 그래서 싸울 필요가 없어요. 그리고 싸움은 너무 많은 노력과 에너지를 필요로 해요. 그래서 서로 소리를 질러 다가오지 말라고 경고하는 거예요.

유라시아청딱따구리

여러분은 이른 아침에 잔디밭에 앉아있는 저를 볼 수 있어요. 하지만 가까이 다가오지는 마세요. 가까이 오면, 나는 날카로운 웃음소리를 내며 바로 날아가 버린답니다.

나는 누구일까요?

- **이름:** 유라시아청딱따구리
- **종류:** 조류

시끄러운 소리꾼:
유라시아청딱따구리는 크고 날카로운 소리를 내요. 부리로는 부드럽게 나무를 쪼아요.

다리:
날카로운 발톱을 가진 두 개의 다리; 발에는 두 개의 앞 발가락과 두 개의 뒤 발가락이 있어요.

크기:
부리에서 꼬리 끝까지 30센티미터에서 34센티미터, 수컷과 암컷의 크기가 같아요.

나는 날 때, 날개를 서너 번 펄럭이는데 그때마다 날개를 잠깐 접어요. 그렇게 하면 **물결치듯** 공중을 미끄러지며 날 수 있답니다.

날개를 활짝 펴면
40센티미터에서 42센티미터 가량 되어요.

서식지:
유럽과 서아시아의 숲 가장자리, 과수원, 풀밭이 많은 큰 정원

먹이:
개미, 곤충, 거미

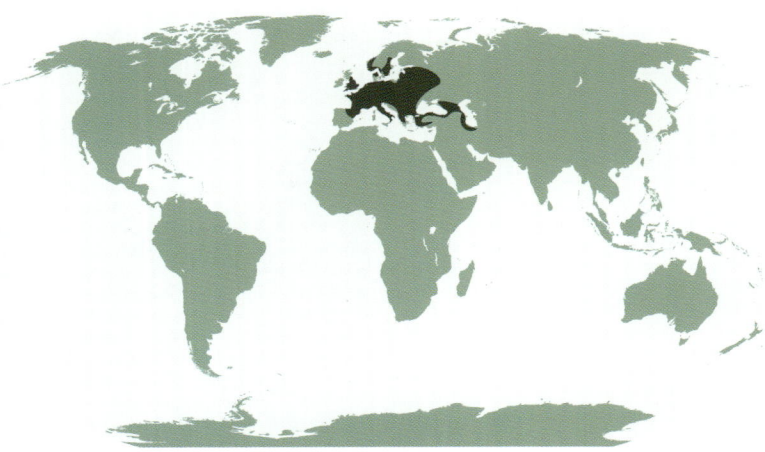

속도: 보통 시속 40~90킬로미터로 날아요.

0   50 km/h   100

나는 부끄럼이 많고 매우 소심해요. 아주 작은 위협에도 크게 소리치며 날아가 버린답니다. 그 소리가 사람들 귀에는 '깔깔깔깔' 웃는 것처럼 들려요. 내가 내는 소리는 메아리처럼 울려 퍼져서 숲을 가득 채우지요. 여러분도 내 소리를 들으면 아마 깜짝 놀랄거예요. 엄청나게 희한한 소리거든요.

내 영역을 꼭 지켜야 할 때, 그리고 암컷의 관심을 받고 싶을 때에도 나는 사납게 지저귀어요. 짝짓기 계절에는 암컷과 함께 살지만 나머지 계절에는 혼자 사는 것을 더 좋아해요.

나는 다른 딱따구리들만큼 나무를 많이 두드리지 않아요. 가장 좋아하는 먹이가 땅에 있기 때문이에요. 가끔 벌레를 찾느라 나무를 쪼는 때도 있긴 하지만요. 나무를 두드릴 때에는 정해진 리듬이 없이 빠르게 두드려요. 나의 머리는 특별하게 만들어졌기 때문에 아무리 두드려도 아프지 않아요. 두개골도 두껍고 목 근육도 강하지요. 그리고 부리도 매우 튼튼하답니다.

나의 두개골은 자전거 헬멧 같아서 충격을 흡수해줍니다. 1초에 스무 번이나 빠르게 나무를 쪼아도 어지럽지 않아요.

딱총새우

여러분은 내 이름이 웃기다고 생각하겠지요? 웃지 마세요!
나는 물속에서 단 한 방으로도 엄청나게 큰 소리를 낼 수 있고
불도 번쩍 일으킬 수 있으니까요. 자그마한 동물이지만 나는
강력한 무기를 갖고 있어요.

나는 누구일까요?

이름: 딱총새우
종류: 갑각류

작은 집게발 끝에는 **집게**가 있어서 사냥감을 잡고 먹는 데 이용해요.

사냥감을 죽일 때 **무기로 쓰는 커다란 집게발**은 몸의 절반을 차지할 만큼 커요.

시끄러운 소리꾼:
딱총새우는 먹잇감을 깜짝 놀라게 해서 잡아요. 집게로 아주 커다랗고 폭발적인 소리를 내며 물을 쏘아 기절시키지요.

크기:
더듬이를 빼고 2.5센티미터에서 5센티미터.

다리:
8개의 다리는 걷는 데 사용해요. 2개의 집게다리는 각각 크기가 달라요.

서식지:
온난한 바다와 열대 지방 바다에 모두 살아요. 어떤 종은 차가운 물에서도 살 수 있어요.

먹이:
새우, 작은 게, 망둥이, 바다 지렁이류

속도:
나는 멀리 가지는 못해요. 하지만 먹잇감이 보이면 거의 시속 100킬로미터에 가까운 속도로 사냥감을 쏴요!

0   100

천적:

농어　　　놀래기　　　쏠배감펭　　　쥐치　　　긴코가시고기

딱총새우는 종류만 해도 600가지가 넘어요. 우리는 **굴 양식장**, **산호초**, 또는 **해초**가 많이 자라는 해저 바닥에 함께 모여 살아요. 어떤 딱총새우는 수백 마리의 **해면동물**들과 함께 살기도 해요.

앞은 거의 볼 수 없지만 **더듬이**를 이용해 주변을 돌아다닐 수 있어요.

내 큰 집게발이 떨어져 나가면 신기한 일이 일어나요. **작은 집게발**이 큰 집게발로 **자라서** 무기가 된답니다. 집게발이 떨어져 나간 자리에는 **집게가** 달린 작은 집게발이 새로 자라나요. 무기가 서로 바뀐 셈이지요!

우리는 커다란 집게발로 **먹잇감에 공기방울을 쏘아요**. 하지만 **앞을 잘 볼 수 없어서**, 천적에게 **만만한 사냥감**이 되기도 한답니다. 그래서 우리는 **다른 동물들과 힘을 합쳐** 사냥을 해요. 나는 **망둥이**를 골랐어요. 망둥이는 시력이 아주 좋은 작고 활기 넘치는 물고기예요. 나는 커다란 집게발로 쾅 소리를 내며 모래나 바위에 **구멍을 뚫어요**. 그럼 망둥이는 그곳에 쏙 몸을 숨기지요. 내가 보금자리를 깨끗하게 청소하는 동안, **망둥이는 감시를 해줘요**. 우리는 서로 가까이에 머물면서 도와요. 망둥이는 천적을 보는 순간 움직이지요. 그럼 나도 더듬이로 바로 알아차리고 도망간답니다.

53

여러분의 엄지손가락이 다른 손가락과 관절로 연결된 것처럼
내 큰 집게발도 그렇게 관절로 연결되어 있어요. 나는 윗집게발을
들어올려 아랫집게발에 떨어뜨려요. 마치 망치로 빠르게 내려치는
것처럼요. 권총에서 총알이 나오는 원리도 이와 같아요. 그럼
집게발에 나 있는 작은 구멍에 압력이 가해지면서 총을 쏘게 돼요.
총알이 아니라 물속에 공기방울을 쏘는 것이지요.

내가 쏘는 공기방울은 엄청난 힘을 가지고 있어요. 엄청나게 빠른 속도로 쏘기 때문에 공기방울의 온도가 섭씨 5천도까지 올라가요. 태양만큼 뜨겁다고 보면 돼요. 그러면 공기방울은 그 높은 온도를 견디지 못해 펑 하고 터져요. 폭발은 물속에 엄청난 충격파를 일으키기 때문에 주변에 있는 동물들이 죽고 말지요. 이게 내가 먹이를 얻는 방법이에요.

공기방울이 터질 때 나는 쾅 소리는 210데시벨이나 되어요. 진짜 권총을 쏠 때 나는 소리가 160데시벨 정도 되니까, 내가 내는 소리가 총소리보다 훨씬 크지요. 공기방울을 쏠 때 빛도 번쩍한답니다. 하지만 특별한 카메라를 통해서만 불빛을 볼 수 있어요. 왜냐하면 이 모든 일이 일어나는데 1초도 걸리지 않으니까요.

올빼미

나는 숲속에 살고 있어요. 낮에는 잠을 자고 밤에 깨어나 활동하지요. 사람들이 모두 잠이 들었을 때 나는 소리를 내요. 사람들은 내가 내는 소리를 듣고 으스스하다고 느낀답니다. 나는 사람들이 그렇게 생각하거나 말거나 날개를 활짝 펴고 나무 사이로 조용히 미끄러지듯 날아다니지요.

나는 누구일까요?

- 이름: 올빼미
- 종류: 조류

시끄러운 소리꾼: 올빼미는 부엉부엉 하고 울며 밤의 고요함을 깨뜨린답니다.

다리: 갈고리 모양의 날카로운 발톱이 달린 2개의 튼튼한 다리. 각각의 다리에는 발가락이 네 개씩 있는데 두 개는 앞으로 두 개는 뒤로 나 있어요.

크고 둥그런 얼굴과 **검은 눈**. **거의 모든 방향으로 고개를 돌릴** 수 있어요.

크기: 36센티미터에서 43센티미터. 암컷이 수컷보다 더 커요.

날개 너비는 80센티미터에서 105센티미터.

납작한 얼굴 주변 그리고 머리 위에서부터 구부러진 부리까지 어두운색의 깃털이 나 있어요. **귀**는 머리 양쪽에 있는 깃털 사이에 숨어있답니다. 소리는 납작한 얼굴을 통해 귀로 전해져요. **귀의 높낮이가 달라 더 잘 들을 수** 있어요.

무게가 겨우 **500그램**밖에 나가지 않아요. **몸의 대부분이 깃털**이거든요.

서식지: 유럽과 아시아, 북아프리카의 숲속과 공원, 정원에 널리 분포되어 살아요.

먹이: 쥐, 어린 토끼, 개구리, 지렁이, 물고기, 새, 곤충

속도:

0   80km/h   100

천적:

여우 족제비 대머리독수리 독수리 매 더 큰 올빼미

밤에는 **사냥**을 갑니다. 아주 높은 곳에서 내려다보며, 숲속에서 무엇이 움직이는지 들어요. 나는 **청력이 굉장히 발달**하여, 여러분보다 10배나 더 잘 들을 수 있답니다. 동물의 소리가 들리면, 나는 나무 사이로 날아가요. **매우 조용히**, 하지만 **번개처럼 빠르게** 날지요. 나는 사냥감이 도망가지 못하게 날개를 펴요. 그리고 발톱으로 사냥감을 움켜잡지요.

나는 **깃털이든 뼈든 모든 것을 다 삼켜요**. 소화를 시킬 수 없는 것들은 토해 내지요. 내 둥지가 있는 나무 근처에 가면 내가 토해낸 것을 볼 수 있어요. 이것을 통해 내가 무엇을 먹었는지 알 수 있답니다.

비가 오래 오거나 세차게 내리면, 청력에 방해를 받아 먹이를 구하기 어려워요. 그래도 둥지에 있는 **새끼들**은 **확실하게 지켜준답니다**. 사람들이 너무 가까이 다가오면 공격하기도 해요. 새끼들은 네 달이 지나면 둥지 밖으로 나와 자신만의 영역을 찾아요.

나는 보통 높은 곳, **텅 빈 나무속에 둥지**를 만들어요. 종종 다른 새가 버리고 간 둥지를 쓰기도 하지요. 사람들은 내가 아주 똑똑하다고 말하지만 그건 사실이 아니랍니다. 나는 **평생 같은 동네**에서 **같은 짝하고만** 살아요. 동네 구석구석을 다 알고 있으니까, 아는 게 많은 것같이 보일 거예요.

숲에서 내 모습을 찾기란 쉽지 않을 거예요. 왜냐하면 내 깃털 색깔이 나뭇가지랑 낙엽하고 비슷하거든요. 하지만 땅거미가 질 무렵과 밤에는 내 목소리를 아주 잘 들을 수 있어요.

내가 떨리는 목소리로 '부엉 부엉'하고 울면, 으스스하게 들릴 거예요. 수컷 올빼미만 이러한 소리를 낼 수 있는데, 올빼미마다 소리는 조금씩 달라요. 이 소리를 가장 오래 낼 수 있는 올빼미가 가장 힘이 센 올빼미로 여겨져요. 그럼 암컷 올빼미가 '키윅 키윅'하고 대답을 한답니다.

나는 근처에 사는 모든 올빼미들이 내는 소리를 모두 알아요. 그래서 낯선 소리를 들으면 침입자가 다가오고 있다는 것을 금방 알아차리지요.

우리는 온갖 다른 소리와 음조로 서로 정보를 주고받아요. 둥지에서 새끼들을 돌보고 있는 암컷에게 '내가 먹이를 가져가고 있다'고 알려줄 때는 높은 소리를 내지요. 위협을 느끼면 끽끽거리는 날카로운 쇳소리로 경고를 보내요. 다른 올빼미가 내 영역을 침범하려 한다면 큰 소리로 꽥꽥 하면서 쫓아내지요.

가을이 되면 올빼미들은 더욱 시끄러워진답니다. 어린 올빼미들이 자신의 영역을 찾으러 다니기 때문이에요. 그들은 크게 부엉부엉 울면서 자신이 이 땅의 주인이라고 각자 알려요. 때로 어린 올빼미끼리 둥지를 두고 싸워야 할 때도 있어요.